OL
AA 731

Veröffentlichungen des Stadtmuseum
Band 75

Andreas von Seggern (Hg.)

ISENSEE VERLAG – OLDENBURG

Gestaltung und Satz:
Iris Dahlke, Isensee Verlag, Oldenburg

Bibliografische Information der Deutschen Bibliothek

Die Deutsche Bibliothek verzeichnet diese Publikation in der Deutschen Nationalbibliografie; detaillierte bibliografische Daten sind im Internet über <http://dnb.ddb.de> abrufbar.

ISBN 978-3-7308-1233-4

Gedruckt bei Isensee in Oldenburg

KOSMETIK

Die Alexanderstraße in Richtung Stadt, um 1955

Einführung

Die obere Alexanderstraße zur Mitte der 1950er Jahre – ein wenig wie „in the middle of nowhere". Die Stadt wächst zu diesem Zeitpunkt, auf dem nebenstehenden Bild noch kaum merklich, weit über ihre in Jahrhunderten gewachsenen Siedlungsgrenzen hinaus. Gerade hier, an der Verbindung zum 1936 errichteten, nun von den britischen Besatzungstruppen genutzten Fliegerhorst, entstehen in kürzester Zeit weiträumige, sowohl von Kleinsiedlungen als auch Mehrfamilienhäusern geprägte Stadtteile. Die Infrastruktur wirkt jedoch häufig noch improvisiert; es wird sehr lange dauern, das Straßennetz an die neuen Ansprüche einer „Großstadt wider Willen" anzupassen.

Die 50er – wohl kaum ein anderes Jahrzehnt der jüngeren deutschen Geschichte ist von Klischees so umrankt, nostalgisch verklärt auf der einen, maßlos verdammt auf der anderen Seite. Sie bilden das Fundament der historischen Meistererzählung von der Erfolgsgeschichte der Bundesrepublik, auf den Säulen ‚Wirtschaftswunder', ‚Wohlstand für alle' und ‚Westbindung' gründend. Andererseits gelten Sie als Dekade der Restauration, der Entpolitisierung, des Rückzugs ins Private, kurz: als (Re-) Inkarnation deutscher Spießbürgerlichkeit. Die historische Forschung zumindest ist sich mittlerweile weitgehend einig: Hinter der Fassade einer Gesellschaft, die vor dem Hintergrund des zurückliegenden Schreckens des Krieges vor allem nach Ruhe und Sicherheit strebte und dabei die Vergangenheit weitgehend verdrängte, modernisierten sich die Strukturen weit mehr als lange Zeit angenommen. Es steckte bereits viel '68 in den Gründerjahren der Bundesrepublik. In diesem Zusammenhang ist häufig von den „langen fünfziger Jahren" die Rede, wobei das Ende dieser Nachkriegsepoche unterschiedlich datiert wird. Der vorliegende Bildband sieht im Jahr 1963 die entscheidende Zäsur. Neben dem Ende der Kanzlerschaft Konrad Adenauers spielen dabei insbesondere lokale Motive eine zentrale Rolle: In jenem Jahr verschwinden die letzten Barackenlager aus dem Stadtbild. Sie waren im Zweiten Weltkrieg zur Unterbringung tausender Zwangsarbeiter errichtet worden und dienten nach 1945 als provisorisches Wohnquartier für Flüchtlinge und Vertriebene. Ihre Existenz war sichtbares Zeichen der Wohnungsnot, die zu Beginn der 1960er Jahre durch eine beispiellose finanzielle und administrative Kraftanstrengung nicht endgültig beseitigt, aber doch entscheidend gelindert werden konnte. 1963 markiert gleichzeitig das Ende der Ära des Oberstadtdirektors Jan Eilers, dessen Amtszeit von der dramatischen Umgestaltung der Stadtgesellschaft geprägt war und der so tatkräftig wie umstritten am Wandel von der Residenzstadt zur „modernen Großstadt" (O-Ton Eilers) arbeitete. Tatsächlich wandelte sich Oldenburg in keiner anderen Phase seiner Geschichte so grundlegend wie in der Periode zwischen 1950 und 1963.

Es ist daher kein Zufall, dass gerade dieser Zeitraum den Auftakt einer neuen Reihe von Bildbänden mit Motiven aus dem Stadtmuseum Oldenburg bildet. Etwa 100 ausgewählte Fotografien versuchen, die Atmosphäre einer Stadt im Aufbruch einzufangen und Meilensteine der Stadtentwicklung nachzuzeichnen. Wir wollen Bilder „sprechen" lassen; dazu gehört allerdings auch die Einordnung in den historischen Zusammenhang. Zwei kurze Texte führen daher in die Epoche aus überregionaler und lokaler Perspektive ein und bilden zusammen mit Bildbeschriftungen das Gerüst, das beim Betrachter das historische Verständnis schärfen soll.

Die eigentliche Herausforderung lag in einer inhaltlich schlüssigen, gleichzeitig ästhetisch ansprechenden Auswahl des vorliegenden Bildmaterials. Der Aufbau der fotografischen Sammlung des Oldenburger Stadtmuseums erfolgte bereits in der Gründungsphase der Einrichtung. In den ersten Jahrzehnten seines Bestehens erweiterte das Museum diesen Bestand durch Zustiftungen, gezielte Ankäufe oder Übernahmen aus anderen Abteilungen der Stadtverwaltung. Mittlerweile lässt sich die Stadtentwicklung auf der Grundlage der bereits vorliegenden Fotografien seit den frühen 1860er Jahren sehr gut dokumentieren. Von den grob geschätzt etwa 80.000 fotografischen Zeugnissen zur Stadtgeschichte sind aktuell etwa 15.000 digitalisiert und inventarisiert. Übernahmen wichtiger weiterer Sammlungen sind in Vorbereitung, um die verbleibenden Lücken der visuellen Überlieferung, insbesondere mit Blick auf die Alltagsgeschichte, im Bestand zu schließen. In Zukunft wird das Stadtmuseum Oldenburg die fotografische Sammlung unter Berücksichtigung strenger Qualitätskriterien erweitern. Denn nicht die Masse des ‚gehorteten' Materials ist für die Qualität des Bildarchivs ausschlaggebend, sondern die realistische Möglichkeit seiner Erschließung. Nur so wird es gelingen, die Fülle des über Jahrzehnte im Stadtmuseum konzentrierten Bildmaterials im Sinne einer unkomplizierten Verfügbarkeit aufzuarbeiten.

Die Digitalisierung des Kulturgutes in Archiven, Bibliotheken und Museen zählt im Zeitalter digitaler Medienkultur zu den herausragenden Aufgaben der Kulturpolitik. Dieser Herausforderung wird sich das Stadtmuseum Oldenburg in den kommenden Jahren verstärkt annehmen. Die über Jahrzehnte gesammelte Überlieferung von Stadtgeschichte wird damit gesichert und einer interessierten Öffentlichkeit rasch und unkompliziert bereitgestellt. Dazu dienen nicht zuletzt die Bildbände, mit denen das Stadtmuseum Oldenburg in Kooperation mit dem Isensee Verlag chronologischen Verlauf und thematische Vielfalt der jüngeren Stadtgeschichte exemplarisch abbilden möchte. So wird nicht nur der Stellenwert als kollektives Gedächtnis der Stadt unterstrichen, sondern vor allem den interessierten Leserinnen und Lesern hoffentlich ein ebenso inhaltsreiches wie unterhaltsames Format zur historisch-kritischen Auseinandersetzung mit „ihrer" Stadt an die Hand gegeben.

Oldenburg, im November 2015

Winterliches Idyll vor dem Peter-Friedrich-Ludwig-Hospital, um 1952. Der motorisierte Verkehr hält sich zu dieser Zeit in Grenzen, die Peterstraße ist noch mit Kopfsteinpflaster ausgelegt.

Am Stau, um 1950. Es herrscht geschäftiges Treiben an den Anlegestellen; der Umschlag des Hafens, der noch bis in die Stadtmitte reicht, steigt analog zur wirtschaftlichen Entwicklung rapide.

Die Lange Straße mit Blickrichtung Lappan, um 1955. In solchen zeitgenössischen Nachkriegsbildern zeigt sich deutlich, wie sehr Oldenburg im Vergleich zu vielen anderen Städten von den Bombardements im Zweiten Weltkrieg weitgehend verschont geblieben war.

1885
W. Fortmann & Söhne
Bankgeschäft
Fischer
PHOTO
DROGERIE
4711

*Friedrich Schohusen hält zu Beginn der 1950er Jahre diese Szene am Julius-Mosen-Platz fest.
Die Feuerwache erfüllt noch ihren Zweck.
1956 muss sie der Erweiterung des Wallrings für den Straßenverkehr weichen.*

Kleinsiedlungshäuser gehören, mehr noch als in anderen Städten, zum typischen Bild des Wohnungsbaus im Oldenburg der Nachkriegszeit. Sie entsprechen nicht nur der Bautradition der „Stadt der Gärten", sondern dienen in der Regel durch einen kleinen Stallanbau sowie eine große Nutzgartenfläche auch zur Selbstversorgung. Insbesondere für die weitgehend besitzlosen Flüchtlinge und Vertriebenen bieten diese Häuser die Chance auf einen Neuanfang in ihrer neuen Heimat. Hier ein Bild der Siedlung der gemeinnützigen „Gemeinschaft der Ostvertriebenen" an der Verlängerung des Brookweg im Stadtnorden, 1954.

Angler an der Alten Hunte, Höhe Poststraße/Ecke Jordan, 1958.
Hier ruht Oldenburg auch als zahlenmäßige Großstadt zunächst weiter im gewachsenen kleinstädtischen Selbstverständnis.

Andrang bei der Leistungsauszahlung im Oldenburger Arbeitsamt, 1950.
In jenem Jahr beträgt die Arbeitslosenquote in der Stadt über 25 %. Der wirtschaftliche Erfolg der Währungsreform von 1948, unterstützt durch die Maßnahmen des Marschall-Plans ist zu diesem Zeitpunkt längst nicht gewiss.

Der Weg ins westdeutsche Aufbaujahrzehnt

von Andreas von Seggern

Am Anfang standen die Trümmer: Als am Ende des Zweiten Weltkrieges die alliierten Truppen in Deutschland einrückten, waren sie oft selbst erschüttert vom Ausmaß der Zerstörung. Die Großstädte Deutschlands waren weit überwiegend von verheerenden Bombardements schwer getroffen. 13 Millionen Menschen waren ausgebombt, aus ihren Häusern vertrieben oder geflohen, mithin obdachlos. Mit den Bomben fielen auch unersetzliche Kulturdenkmäler dem von den Nationalsozialisten propagierten „totalen Krieg" zum Opfer. Unmöglich, die Menge des anfallenden Schutts der zerstörten Städte zu schätzen, deren Zahl europaweit bei etwa 1000 lag. Etwa 24 Millionen Wohnungen galten als weitgehend zerstört. Insgesamt ließ sich rund die Hälfte des Wohnungsbestandes in den größeren Städten der westlichen Besatzungszonen nicht mehr als Bleibe nutzen. In die Ruinenlandschaften der vier Besatzungszonen strömten überdies in den ersten Nachkriegsjahren Millionen von entwurzelten Menschen: Kriegsevakuierte oder -heimkehrer, Flüchtlinge und Vertriebene aus den östlichen Teilen des Reiches. Gerade Letztere wurden zunächst bevorzugt in den ländlichen Raum gelenkt und verschärften in den dortigen Klein- und Mittelstädten das Wohnungsproblem dramatisch.

Entgegen einer bis heute verbreiteten Überzeugung, beruhte der akute Mangel an Wohnraum keineswegs ausschließlich auf Kriegszerstörungen und dem millionenfachen Zustrom von Flüchtlingen und Vertriebenen. Bereits 1939 betrug das Wohnungsdefizit im Deutschen Reich fast 1,5 Millionen Einheiten – die Nationalsozialisten hatten den Wohnungsbau weitgehend ihrer immensen Rüstung geopfert. Grobe Schätzungen kalkulierten 1948 den Bedarf an Wohnungen allein in den westlichen Besatzungszonen auf 6,5 Millionen Einheiten. Damit wurde, zumal sich die Ernährungslage nach dem „Hungerwinter" 1946/47 in allen Zonen sukzessive besserte, die Wohnungsnot zum zentralen innenpolitischen Problem der deutschen Nachkriegsgeschichte. Für die Bundesrepublik erklärte deren erster Bundeskanzler Konrad Adenauer am 24. Februar 1950, dass „der Wohnungsbau [...] auf Jahre hinaus das wesentlichste Erfordernis" sei, um das Staatswesen und seine Bewohner „einer politischen, wirtschaftlichen, ethischen und kulturellen Genesung entgegenzuführen." Notunterkünfte blieben freilich noch lange Insignien der aus dem verlorenen Krieg resultierenden sozialen Misere: Neben den „homo cellaris", den in beschädigten Gebäuden hausenden „Kellerbewohner" (Jürgen Kucynski), trat bis in die frühen 1960er Jahre der „homo barackensis" (Volker Ackermann), der in Lagern notdürftig untergebrachte Stadtbewohner. Schon allein aus diesem Grund war zu Beginn der 1950er Jahre längst nicht sicher, welchen Weg die wirtschaftliche, soziale und gesellschaftliche Entwicklung in den beiden 1949 gegründeten deutschen Staaten nehmen sollte.

Unter den Vorzeichen einer sich dramatisch zuspitzenden weltpolitischen Lage entfaltete zumindest die Bundesrepublik eine wirtschaftliche Dynamik, die rasch alle Bereiche der Gesellschaft erfasste und zu wandeln begann. Die Voraussetzungen dafür waren bereits geschaffen worden, als sich weite Teile der Öffentlichkeit noch im alltäglichen Existenzkampf einer von den Kriegsfolgen gezeichneten Gesellschaft befanden.

Auf Initiative der USA hatten die britische und amerikanische Zone seit dem 1. Januar 1947 ein gemeinsames Wirtschaftsgebiet, die Bizone, gebildet. Ihr Ziel war es, die wirtschaftliche Erholung zu fördern und in erster Linie die Ernährungslage zu verbessern. Vor allem in den USA sah man darin die wichtigste Voraussetzung für den Erfolg der seit 1946 entwickelten Strategie des „containment" und „roll back". Durch raschen Wiederaufbau der vom Krieg schwer geschädigten Volkswirtschaften, allen voran Deutschlands, glaubte man in den USA eine weitere Aus-breitung des Kommunismus verhindern zu können. Die US-Regierung verkündete daher das „European Recovery Program" (ERP). Zwischen 1948 und 1952 flossen rund 1,5 Milliarden Dollar Finanzhilfen aus dem „Marshall-Plan" alleine nach Westdeutschland.

Neben der politischen war damit auch die wirtschaftliche Spaltung Europas und Deutschlands besiegelt. Denn die osteuropäischen Staaten mussten auf sowjetischen Druck ihre Teilnahme an diesem Wiederaufbau- und Investitionsprogramm absagen. Die 1948 in allen drei westlichen Zonen durchgeführte Währungsreform zementierte schließlich die getrennte Entwicklung im Schatten des globalen Ost-West-Konflikts. Sie war letztlich die Konsequenz einer simplen ökonomischen Erkenntnis: Einer tiefgreifenden wirtschaftlichen Gesundung Deutschlands stand vor allem die wertlos gewordene Reichsmark entgegen. Die Nationalsozialisten hatten die Kosten für den Vernichtungskrieg nur mit brutalem Raubbau in den besetzten Ländern und gigantischer Inflation decken können. Die Zeche mussten nun auch die Deutschen selbst bezahlen. Bereits 1947 bereiteten die Westmächte eine Reform des Geldwesens in ihren Besatzungszonen vor, erst am 20. Juni 1948 wurde sie schließlich umgesetzt. Zunächst konnten pro Person nur 40 Deutsche Mark umgetauscht werden. Löhne, Gehälter, Mieten wurden im Verhältnis 1:1, Sparguthaben 1:10 umgewertet. Der Vorsitzende des von den westlichen Alliierten eingesetzten Frankfurter Wirtschaftsrates, Ludwig Erhard, setzte sich zudem mit seiner radikalen Haltung durch, die Preisbindung und Bewirtschaftung mit einem Schlag auszusetzen. Die sozialen Folgen waren zunächst dramatisch: Gerade kleinere Unternehmen überlebten den Umbruch nicht. Ihnen fehlte das Eigenkapital, sie litten unter Mangel an bezahlbaren Rohstoffen und konnten sich in der schwierigen Absatz- und Auftragslage schließlich nicht mehr über Wasser halten. Auch größere Unternehmen gerieten ins Schlingern, konnten aber durch harte Rationalisierungsmaßnahmen ihre Situation stabilisieren. Die Arbeitslosigkeit stieg in der Folge dramatisch an, bei zunächst ebenfalls stark wachsendem Preisniveau. Die Schaufenster füllten sich nach der Reform zwar schlagartig mit den zuvor gehorteten Waren der Kaufleute, allein es fehlte vielen das Geld, sie zu bezahlen. Der Erfolg des Währungsschnitts war selbst um die Jahreswende 1949/50 noch keineswegs ausgemacht.

Besiegelt war dagegen die wirtschaft-liche Spaltung Deutschlands. Die Sowjets reagierten bereits einen Tag später ebenfalls mit einer Reform des Geldwesens. Sie war jedoch weit eher politisch als ökonomisch motiviert: Die Guthaben von SED, Massenorganisationen, ja selbst der sowjetischen Militäradministration selbst wurden im Verhältnis 1:1 getauscht, während private Unternehmen mit einem wesentlich ungünstigeren Kurs leben mussten, folglich kaum überlebensfähig blieben und der staatlichen Kontrolle wie reife Früchte in den Schoss fielen. Handstreichartig hatte die Besatzungsmacht nicht nur die Verstaatlichung forciert, sondern langfristig wertvolle unternehmerische Initiative im Keim erstickt. Zu diesem wirtschaftlichen Bremseffekt gesellte sich für Sowjetunion und SED das politische Desaster der Blockade der westlichen Besatzungszonen Berlins. Als Reaktion auf die Einführung der West-Mark in West-Berlin gedacht, sollte es der ultimative psychologische Fehlschlag sowjetischer Deutschlandpolitik werden: Amerikaner und Briten setzten ein riskantes Manöver ein, um zwei Millionen Menschen in dem von allen Transportwegen zu Lande abgeschnittenen West-Berlin zu versorgen. Sie organisierten eine Luftbrücke zwischen den Berliner Flughäfen und Landeplätzen in den Westzonen. In knapp 195 000 Flügen wurden fast 1,5 Millionen Tonnen Lebensmittel, Kohle, Baumaterialien und andere Güter nach Berlin geflogen. Die Sowjetunion versprach zwar allen Berlinern die Sicherung von Lebensmittel- und Bedarfsgüterlieferungen. Die Bevölkerung jedoch lehnte diese Hilfe überwiegend ab und vertraute auf die

„Da wimmelt und brodelt es, da wird geschafft, geleistet..."
(Paul Schallück, 1954)

Leistungen der amerikanischen und britischen Besatzungsmächte – aus ehemaligen Kriegsgegnern wurden im Bewusstsein der Berliner und vieler Westdeutscher Verbündete im Konflikt mit der Sowjetunion.

Mit der endgültigen Entscheidung für die Einführung der so grundsätzlich verschiedenen Wirtschaftssysteme war nicht nur die „doppelte Staatsgründung" (Christoph Kleßmann) 1949 vorgezeichnet. Sie wirkte auch mittelfristig auf die Mentalitäten beider deutscher Staaten: Individuum versus Kollektiv. Und sie trieb in rasanter Schnelle einen Wohlstandskeil zwischen Ost und West, der die Überlegenheit von Markt- gegenüber Planwirtschaft nachhaltig unterstrich. Aber der Ende 1950 endgültig einsetzende, lang anhaltende Boom war kein „Wunder", sondern fußte auf förderlichen Entscheidungen der Jahre zuvor: dem trotz der Kriegszerstörungen erhalten gebliebenen Anlagestock, den politisch motivierten Aufbauhilfen der US-Amerikaner und der von den Besatzungsmächten vorbereiteten, aber erst von Ludwig Erhard kühn umgesetzten Währungsreform. Das allein reichte freilich nicht; hinzu kam der in Folge des Koreakrieges einsetzende Run auf westdeutsche Industrieerzeugnisse, flankiert von einem allgemein einsetzenden Boom der gesamten Weltwirtschaft, der auch die zuvor darniederliegenden Industrien in Italien und Japan zu ungeahnten Höhenflügen trieb. Letztlich, und das sicher nicht zuletzt, war der Boom der westdeutschen Wirtschaft auch ein Produkt harter Arbeit, wie der Schriftsteller Paul Schallück 1954 festhielt: „Werfen wir einen Blick auf unser Land. Da wimmelt und brodelt es, da wird geschafft, geleistet, da ist in Staub- und Schweißwolken die deutsche Tüchtigkeit am Werk. Hämmern, Rattern, Gebrodel bei Tag und Nacht. Welch Schauspiel!" Natürlich war das Schuften in der Sechstagewoche mit lediglich zwei Wochen Urlaub im Jahr ein Reflex auf die vorangegangene Katastrophe, oder wie es Christian Graf von Krockow pointiert formulierte: „Arbeit ersetzt die Trauerarbeit." Und tatsächlich: Auf der Strecke blieb noch lange eine offene, schonungslose Auseinandersetzung mit dem nationalsozialistischen Terror, die einem raschen Wiederaufbau in den Augen vieler vermeintlich im Wege stand. Man verdrängte, zog sich ohnehin aus der Sphäre des Politischen ins Private zurück und knüpfte gesellschaftlich vielfach wieder an überkommene Regeln des frühen 20. Jahrhunderts wieder an. Das betraf etwa die Frauen, die sich schon seit Ende der 1940er Jahre wieder auf ihre bürgerliche Rolle als Hüterin des Haushalts beschränkt sahen, nachdem sie maßgeblich zur Beseitigung der Trümmer des Krieges beigetragen hatten. Doch die wirtschaftliche Dynamik und der damit einhergehende wachsende Wohlstand sowie die zunehmend festere Bindung der jungen Bundesrepublik an die westlichen Demokratien brachen letztlich auch gesellschaftliche und kulturelle Dämme: Die Epoche der „langen" 1950er Jahre, die mit dem Ende der Kanzlerschaft Konrad Adenauers 1963 endete, zeigt sich in der historisch-kritischen Rückschau wesentlich moderner, als es nostalgische Verklärung oder pauschale Verdammung zugestehen wollen. Das gilt auch – und geradezu archetypisch – für die Stadt Oldenburg, die sich in dieser Phase ihrer Geschichte so sehr wandelte wie nie in ihrer Geschichte zuvor.

Stadtbild

Der historische Kern der Stadt, um 1952. Die klassizistischen Gebäude der Schlossfreiheit beherrschen den Platz, auch das ehemalige Hoffinanzgebäude, am rechten Bildrand, steht noch, wird jedoch 1958 einem funktionalen Neubau der Landessparkasse geopfert. Deutlich sichtbar der Sanierungsstau an den historischen Fassaden.

Auch wenn die Residenz längst Geschichte ist, so bleibt ihr markantestes Gebäude doch Wahrzeichen der Stadt: Das Schloss, um 1955.

Die Moderne steht vor der Tür:
Motorroller vor historischer Fassade am Schlossplatz, um 1953.

Zwei Impressionen aus der Oldenburger Altstadt: Links die Bergstraße, rechts die Baumgartenstraße, beide um 1955.

Pschorr-Bräu
EYER

Die Hauptpost mit davor liegender Grünanlage am Stautorplatz, um 1955. Das Areal entwickelt sich im Laufe der fünfziger Jahre zu einem weiteren neuralgischen Punkt der Verkehrslenkung. Kein Zufall, dass gerade hier nur wenige Jahre später der erste größere Straßenkreisel der Stadt entsteht, um die stetig wachsenden Verkehrsströme zwischen Hafen, Bahnhof, Innenstadt, Staulinie und Paradewall zu verteilen.

Der Schlossplatz im Spätherbst 1952. Die spärliche Beleuchtung schimmert auf regennassem Fußweg. Im Hintergrund sichtbar die beleuchtete Ausschilderung der Kreuzung am Casinoplatz, die den Verkehr in den Stadtsüden lenkt. Das schemenhaft zu erkennende, von Heinrich Strack 1842 gebaute Casinogebäude wird einige Jahre später, begleitet von massivem öffentlichen Protest, einem Neubau der Landeszentralbank weichen.

Die Einmündung von Alexanderstraße und Nadorster Straße vor dem Gertrudenkirchhof macht 1950 einen sehr beschaulichen Eindruck. Lediglich der im Hintergrund aus dem Bild fahrende Trolley-Bus der Pekol-Verkehrsbetriebe lässt die Großstadt erahnen.

Die Hauptstraße in Eversten (oben) und die Bloherfelder Straße (unten) in der Mitte der 1950er Jahre. Auch wenn die Stadt rapide aus ihrem gewachsenen Korsett herauswächst, täuschen die Bilder der Ausfallstraßen mit ihrer vorherrschenden kleinteiligen Bebauung und ihrer dürftigen Befestigung nicht selten vermeintlich gemächliches Wachstum vor.

Stadtentwicklung

1954 beginnen die Modernisierungs- und Erweiterungsarbeiten an der Kläranlage Wehdestraße. Die lediglich für 40.000 Einwohner ausgelegte Anlage hat zu dieser Zeit bereits mit den Abwässern der dreifachen Bevölkerungszahl zu kämpfen – Abwasserverarbeitung und Kanalisation der Stadt stehen vor dem Kollaps.

HALLENBAD

Der stärkste Eingriff in das Stadtbild vollzieht sich im Dreieck Schlossplatz, Markt und Paradewall. Das in seiner bestehenden Substanz bis ins Mittelalter zurückreichende Mühlenviertel wird den weitreichenden Planungen rund um das neue Zentral-Schwimmbad geopfert. Licht und Luft soll nach dem Willen von Architekten, Stadtplanern und Bauverwaltung an die Stelle der engen und vermeintlich nicht mehr sanierungsfähigen historischen Bebauung treten. Nur wenige Oldenburger weinen den abgeräumten Gebäuden zunächst nach; erst mit der Einweihung des Hallenbades, mehr noch mit der Eröffnung des funktionalen Kaufhausbaus des Horten-Konzerns betrauert die Öffentlichkeit den unwiederbringlichen Verlust eines für Oldenburg singulären historischen Quartiers.

An der Huntestraße entsteht 1959 mit dem Neubau der Landesversicherungsanstalt (LVA) das bis dato höchste Gebäude der Stadt. Für die Erweiterung soll auch ein benachbartes frühklassizistisches Haus weichen. Erstmals in einer solchen Frage erhebt die Denkmalschutzbehörde massive Bedenken und verhindert schließlich – neu in der Oldenburger Nachkriegszeit – den bereits beschlossenen Abriss eines historischen Gebäudes.

Wie schon in der dynamischen Wachstumsphase um 1900, so verwandelt sich Oldenburg seit Mitte der 1950er Jahre für fast 15 Jahre bisweilen in eine einzige Großbaustelle. Die Infrastruktur muss zwingend an die gewachsenen Ansprüche der ungeplanten Großstadt angepasst werden. Im Bild von 1963 die Arbeiten im Bereich Hafen und Stautorplatz.

Einen eher unwirtlichen Eindruck vermittelt die Moslestraße, die 1954 als neu geschaffene Straßenverbindung zwischen Innenstadt und Hauptbahnhof erweitert wird. Im Volksmund als „Prachtstraße“ bezeichnet, wird sie immer wieder erneuert und ausgebaut, im Bild Asphaltierungsarbeiten im Jahre 1955. Rechts zu erkennen der im gleichen Jahr seiner Bestimmung übergebene Neubau des Arbeitsamtes.

Neben dem Straßenbau konzentriert sich der Ausbau der Infrastruktur in den 1950er Jahre vor allem auf die Schulen. Dabei steht die Versorgung der neu entstandenen Wohnviertel im Vordergrund. Überall im Stadtgebiet entstehen, wie im Bild die Mittelschule Osternburg, zeittypische Zweckbauten, die „Freiheit, Offenheit und Natürlichkeit" zeigen, mithin „wie kaum eine andere Bauaufgabe die Hoffnung auf einen Neubeginn" (Lucy Hillebrand) vermitteln sollen.

Auf einer großen, topographisch schwierigen Freifläche im Stadtteil Donnerschwee beginnen 1953 die aufwändigen Bauarbeiten an der Weser-Ems-Halle. Ursprünglich bereits vor dem Zweiten Weltkrieg als Viehauktionshalle geplant, entsteht ein nun multifunktionaler Hallenkomplex, der die Rolle der Stadt als zentraler Tagungs- und Veranstaltungsort im Nordwesten unterstreicht. Allerdings reißt die Realisierung ein größeres Loch in den städtischen Haushalt als vorgesehen. Aus den anfänglich erwarteten Kosten von 680.000 DM werden durch rasch erforderliche An-, Um- und Ausbauten bis Mitte der 1960er Jahre gut 4,5 Millionen DM, die über langfristige Kredite finanziert werden müssen.

Im Rahmen der großräumigen Verkehrsplanung spielen Lückenschluss und Ausbau des äußeren Straßenrings, der von den Nationalsozialisten durch den Einsatz von Zwangsarbeitern errichteten Umgehungsstraße, eine wesentliche Rolle. Insbesondere die fehlende Verbindung zwischen Ammerländer Heestraße und Bernhardstraße sorgt für zunehmende Behinderungen, die nicht selten schwere Unfälle zur Folge haben. Mit der Aufständerung eines wesentlichen Teils der Umgehung kann der Ring schließlich in der ersten Hälfte der 1960er Jahre geschlossen werden. Vor der Freigabe für den Verkehr testen Panzer der Bundeswehr 1963 die Tragfähigkeit der Brückenkonstruktion.

Trotz aller Erfolge im Wohnungsbau gehören auch Barackenlager bis zum Beginn der 1960er Jahre zum Stadtbild. Dazu zählt auch das sogenannte „Lettenlager" in Ohmstede, ein ehemaliges Zwangsarbeiterlager, das von Letten und Esten bewohnt wird, die nach 1945 nicht in ihre von der Sowjetunion okkupierte Heimat zurückkehren wollen. In den fünfziger Jahren ist die provisorische Siedlung größte lettische Kolonie der Bundesrepublik. Erst 1960 weichen die Holzbaracken einem größeren Neubaugebiet, dessen Straßennamen (Rigaer Weg, Kurlandallee) noch heute an diese besondere Stadtteilgeschichte erinnern.

Ein typisches Neubauviertel der Stadt, um 1955. Die katastrophalen Zustände auf dem Wohnungsmarkt zwingen auch in Oldenburg zu einer massiven Förderung des sozialen Wohnungsbaus. Nach dem vorherrschenden Grundprinzip der „gegliederten, aufgelockerten Stadt" mit getrennten Wohn- und Gewerbebereichen, Grünflächen und Versorgungseinrichtungen entstehen die mehrgeschossigen Miet- und Genossenschaftswohnungen zu einem großen Teil auf der grünen Wiese in den äußeren Stadtteilen wie Ohmstede, Bürgerfelde oder Kreyenbrück.

Verkehr

*Blick in die Heiligengeiststraße, Richtung Zentrum, um 1960.
Die Motorisierung der Stadt ist bereits weit fortgeschritten,
die Straßen der Innenstadt häufig überlastet.*

Der Überlandverkehr mit Omnibussen spielt in den 1950er Jahren noch eine herausragende Rolle im Verkehrswesen der Bundesrepublik. Die Bundespost unterhält ein weit verzweigtes Netz, das auch verkehrstechnisch entlegene Orte des Oldenburger Landes regelmäßig bedient. Im Hof des Hauptpostamtes, etwa in Höhe des heutigen Philipp-Reis-Ganges, entstand 1953 eine zentraler „Kraftpostbahnhof", der mit einer Wartehalle in zeittypischem Stil ausgestattet ist. Der Knotenpunkt wird allerdings bereits gut 10 Jahre später, aufgrund der Zunahme des Individualverkehrs, aber auch der städtebaulichen Maßnahmen in diesem Bereich, wieder aufgegeben und abgerissen.

Der Marktplatz der Stadt, um 1955 (links) und 1958 (unten). Der von Rathaus und Lamberti-Kirche beherrschte Platz ist zu dieser Zeit reine Verkehrsfläche, mit Bushaltestelle und Parkplätzen.

Bei einem der wenigen Bombenangriffe auf Oldenburg am 21. April 1945 werden große Teile des Hauptbahnhofes sowie der Bahnhofsvorplatz schwer beschädigt. Zehn Jahre später sind die Schäden beseitigt und die Anlagen gepflegt. Der Vorplatz entwickelt sich für einige Jahrzehnte zum Zentralen Omnibusbahnhof.

Die Eisenbahn-Drehbrücke über die Hunte wird kurz vor dem Ende des Zweiten Weltkrieges im April 1945 zerstört. Die zunächst provisorisch erbaute Behelfsbrücke beeinträchtigt den Schiffsverkehr massiv. So beginnen bereits 1946 die Planungen für eine in ihrer Art seltene Rollklappbrücke, die schließlich 1954 ihren Betrieb aufnimmt. Auf dem Foto von 1953 ist rechts das im Bau befindliche Brückenstellwerk zu erkennen. Die Konstruktion im vorderen, nördlichen Teil der Brücke stammt noch von der alten Brücke, während der rückwärtige, hier nicht zu erkennende Klappenteil bereits fertiggestellt ist.

Durch das Nadelöhr der Langen Straße zwischen Gaststraße und Rathaus schlängeln sich um 1950 neben Fußgängern und Radfahrern zwei Trolley-Busse Richtung Markt. Die zunehmende Motorisierung des Verkehrs wirkt sich verheerend auf die Aufenthaltsqualität und damit auch die Geschäftswelt in der Innenstadt aus. Spätestens seit Mitte der 1950er Jahre werden Forderungen zur Entlastung des Zentrums, bis hin zu ihrer kompletten Sperrung für den motorisierten Verkehr immer lauter.

Abbildung rechte Seite oben: Auch wenn der Eindruck auf diesem Bild von 1959 täuschen mag. Eine der vom Straßenverkehr am stärksten belasteten Stellen der Stadt befindet sich an der Kreuzung Heiligengeiststraße/Wall; das belegen die Verkehrszählungen der Verwaltung in regelmäßigen Abständen. Gerade auf diese Kreuzung richtet sich daher ein besonderes Augenmerk der Schutzpolizei.

Das Foto eines Markttages aus dem Jahre 1955 vermittelt einen Eindruck von der zunehmend prekären Situation an der „Verkehrsspinne" am Pferdemarkt.

Ein Werbetruck der Adam Opel AG vor dem Geschäftshaus des Oldenburger Fahrzeughändlers Johann Hinrichs an der Nadorster Straße 118, um 1953. Im Schaufenster links ein Opel-LKW der Marke ‚Blitz' sowie zwei Modelle des Kapitän (Baujahr 1951-53), das – obwohl zur Oberklasse zählend – zeitweilig den dritten Platz der westdeutschen Zulassungsstatistik belegt. Autohändler wie Hinrichs, Brau (Ford), Schwarting (Mercedes), Freese (Lloyd/Borgward, ab 1960 BMW), Braasch (DKW, ab 1964 Mercedes, später VW) oder Schäuble (NSU/Lloyd, später VW) profitieren von der rasant wachsenden Motorisierung und erweitern ständig ihre Kapazitäten. Die Zahl der zugelassenen PKW steigt in der Stadt zwischen 1950 und 1962 um das Zehnfache, von 1.571 auf 14.410 Fahrzeuge.

OPEL Der

Ein Trolley-Bus der Linie 2 der Verkehrsbetriebe Pekol verbindet, wie in diesem Bild aus dem Jahr 1952, Kreyenbrück über die Cloppenburger Straße mit der Innenstadt. Die Hindenburg-Kaserne im weit außerhalb des Stadtkerns gelegenen Stadtteil Kreyenbrück entwickelt sich, obwohl in Teilen zerstört, zum wichtigsten Quartier zur Unterbringung von Flüchtlingen und Vertriebenen. Bis zur Remilitarisierung und der damit verbundenen Reaktivierung der Kasernen für militärische Zwecke Ende der 1950er Jahre leben auf dem dortigen Gelände bis zu 2.000 Menschen; darüber hinaus siedeln sich Flüchtlingsbetriebe auf einem eigens eingerichteten Gewerbehof an.

Tankstelle am Westkreuz, um 1954. Die Kreuzung der Umgehungsstraße mit der Ammerländer Heerstraße entwickelt sich in den fünfziger Jahren zu einem der Brennpunkte des Straßenverkehrs in der Stadt.

Konsum

Die seit November 1927 von der Großeinkaufsgesellschaft deutscher Konsumvereine (GEG) betriebene Fleischwarenfabrik im Westen der Stadt zählt auch in den fünfziger Jahren mit bis zu 1.000 Mitarbeitern zu den größten Betrieben der fleischverarbeitenden Industrie in Deutschland. Die ‚Fleiwa' profitiert besonders von der wachsenden Nachfrage nach fetthaltigen Lebensmitteln, die den Nachkriegsmangel vergessen machen soll und durch stark steigende Einkommen möglich wird.

M. S. ADE

Geschäftiges Treiben an den Kaianlagen des Oldenburger Hafens im Sommer des Jahres 1958. Die Kräne und Schuppen ziehen sich noch fast nahtlos vom Stautor bis zum Wasserturm an der Eisenbahn. Im Vordergrund links der Lagerschuppen der in Nordenham ansässigen Midgard Deutsche Seeverkehrs AG, über die vor allem Getreide für die Landwirtschaft des Oldenburger Landes angelandet wird. Allein im kurzen Zeitraum zwischen 1954 und 1960 wird der Güterumschlag am Stau fast verdoppelt.

1948 wird an der Ostseite des Pferdemarktes, in strategisch günstiger Lage direkt an der Heiligengeiststraße, eine gut 50 Meter lange und 6 Meter breite Ladenzeile errichtet. Sie soll insbesondere Flüchtlingen und Vertriebenen die Chance auf eine kleine Existenzgründung bieten. Auch wenn die meisten Geschäftsideen der 1966 abgerissenen Zeile nur selten von Erfolg gekrönt sind, nimmt von hier aus die Geschichte des Blumenhauses Neumann ihren Anfang, das sich zum zeitweilig größten Floristikbetrieb der Stadt entwickelt.

Das Foto der Langen Straße aus dem Jahr 1950 zeigt die westliche Straßenseite zwischen Kurwick- und Haarenstraße. Noch dominieren überwiegend kleine lokale Händler mit überschaubarem Warenangebot das Geschäftsleben in der Stadt.

Weihnachtstrubel am ‚Leffers-Eck' und an der Kreuzung Wall/Heiligengeiststraße Mitte der 1950er Jahre. Das Weihnachtsgeschäft entwickelt sich – wie überall in der Bundesrepublik – so auch in Oldenburg zu einem Indikator für den wachsenden Wohlstand der Bevölkerung.

Mit den wachsenden Konsumentenwünschen geht seit Ende der 1950er Jahre die zunehmende Verdrängung kleiner Händler in den gefragten Lagen der Innenstadt einher. Große Handels- und Kaufhausketten drängen in die City, die ihr Gesicht einhergehend mit Verlust historischer Bausubstanz stellenweise dramatisch wandelt. Innerhalb nur weniger Jahre zwischen 1956 und 1964 eröffnen die Warenhäuser Kepa, Woolworth, Hertie, Horten sowie das Textilkaufhaus Brenninkmeyer (C & A) große Dependancen in Oldenburg. Das alteingesessene Oldenburger Modehaus Gehrels, seit 1912 in einem markanten Jugendstilhaus an der Achtern-, Ecke Staustraße ansässig, kann sich noch einige Zeit gegen den Trend stemmen, muss jedoch 1965 ebenfalls aufgeben.

kepa kaufhaus
kepa kaufhaus

WINTER SCHLUSS VERKAUF
HERTIE
WINTER SCHLUSS VERKAUF Preisbrecher WINTER SCHLUSS VERKAUF

WOOLWORTH

Auf dem Gelände der ehemaligen Leweck-Kaserne in Kreyenbrück siedelt sich 1947 das zuvor im Sudetenland produzierende Kleinmotorenwerk der AEG an. Es wächst in den 1950er Jahren rapide, beschäftigt am Ende des Jahrzehnts etwa 2.000 Mitarbeiter und ist damit größtes Industrieunternehmen der Stadt.

1954 errichtet die Energieversorgung Weser-Ems AG (EWE) an der Tirpitzstraße einen neuen Firmensitz. Mit einem der wichtigsten Bauten der Oldenburger Nachkriegsmoderne setzt das Energieunternehmen mitten im traditionsreichen Dobbenviertel einen provokanten Akzent. Auch in unternehmerischer Hinsicht zeigt sich die EWE innovativ: Die Stadt Oldenburg wird 1959 – von der EWE beliefert – die erste mit Erdgas versorgte Großstadt Deutschlands.

Die Oldenburger Großbäckerei Brokat, hier ein Bild des Firmensitzes um 1955, beliefert den Lebensmittelhandel weit über die Stadtgrenzen hinaus. Bekannt wird das Unternehmen schließlich für seine Fertigkuchen. Als „Kuchenfabrik Brokat" muss sie allerdings 1965 Konkurs anmelden und wird vom Dauerbackwarenhersteller Bahlsen übernommen.

Der erste Lebensmittelladen, der nach dem Prinzip der Selbstbedienung arbeitet, entsteht an der Langen Straße 44: ‚Eklöh', benannt nach den Inhabern Anni und Fritz Eklöh, orientiert sich ganz an einer längst etablierten amerikanischen Geschäftsidee und mischt damit den Oldenburger Lebensmittelhandel auf. Die zu Beginn der 1950 Jahre in Oldenburg existierenden über 200 kleineren Einzelhandelsgeschäfte haben der neuen Welt des individualisierten Einkaufs auf Dauer nichts entgegen zu setzen.

KOCKS
1
verboten!

Zwischen Mangel und „Wirtschaftswunder“: Oldenburg in den 1950ern

von Andreas von Seggern

Der Beginn der Amtszeit des Oberstadtdirektors Jan Eilers im August 1950 markierte eine entscheidende Wende in der Oldenburger Stadtentwicklung der Nachkriegszeit. Die Arbeit seiner Vorgänger Fritz Koch, Willi Oltmanns und Hans Klüber wurde bis dahin von der sozialen und ökonomischen Notlage geprägt und ließ langfristiger Stadtplanung kaum eine Chance. Erst die Verbesserung der ökonomischen Rahmendaten und der seit 1950 zunehmend spürbare Einfluss der Bundes- und Landeshilfen ermöglichte es des städtischen Behörden, ihre Aufmerksamkeit dem vor dem Hintergrund der dramatisch gewachsenen Bevölkerungszahl dringend notwendigen Ausbau der kommunalen Infrastruktur zu widmen. Langsam wich der nostalgische Blick auf die Zeit als vermeintlich beschauliche Residenz, der gerade in der Krisensituation nach 1945 Konjunktur hatte, einer nüchternen Betrachtung, die den Erfordernissen der aufgezwungenen Urbanisierung Rechnung tragen wollte. Auch in Oldenburg hatte die Förderung des Wohnungsbaus absolute Priorität. Tausende von Flüchtlingen hausten noch zu Beginn der 1950er Jahren in über das gesamte Stadtgebiet verstreuten Barackenlagern, die während des Dritten Reiches vorwiegend für Zwangsarbeiter errichtet worden waren. Die ehemalige Hindenburg-Kaserne hatte sich zur zentralen Flüchtlingssiedlung entwickelt. Mit einer Fülle von Maßnahmen, darunter auch der bundesweit vorbildhaften Einführung einer Steuer für Wohnraumbesitzer (SoWoFo) im November 1948, konnte ein nennenswerter Wohnungsbau etwa fünf Jahre nach Kriegsende endlich angeschoben werden. Die ersten Wohnungen des sozialen Wohnungsbaus entstanden an der Alexanderstraße, an der Münnichstraße und An den Voßbergen. Kreyenbrück, Bürgerfelde und Ohmstede, nur wenig später dann Krusenbusch und Bümmerstede entwickelten sich zu den Zentren des Nachkriegswohnungsbaus. Singulär im Vergleich zu anderen Großstädten war dabei die Schwerpunktsetzung auf den Kleinsiedlungsbau, der aus Sicht der Verwaltung der traditionellen Oldenburger Wohnweise – im Volksmund: „Der Oldenburger muss mit der Schubkarre ums Haus“ – am besten entsprach. Daneben gab es aber auch immer wieder Bauvorhaben, die dem Stadtbild eine zumindest in Teilen großstädtische Prägung verliehen. Dazu zählte etwa die Siedlung „Gartenstadt Ohmsteder Esch“, die 1955 ihrer Bestimmung übergeben werden konnte. Erst Anfang der sechziger Jahre waren die letzten größeren Barackenlager schließlich geräumt und die akute Wohnungsnot der Nachkriegszeit tatsächlich Geschichte.

Zu dieser Zeit jedoch hatte sich längst ein anderes Problem der städtischen Infrastruktur in den Vordergrund gedrängt, das mit dem dramatischen Bevölkerungswachstum einerseits, mehr aber mit der auch im Nordwesten spürbaren positiven wirtschaftlichen Gesamtentwicklung der Bundesrepublik zusammenhing. Die zunehmende Motorisierung führte spätestens seit Mitte der 1950er Jahre zu einer permanenten Überlastung der Hauptverkehrsstraßen der Stadt und in der noch nach mittelalterlichem Straßengrundriss gestalteten Innenstadt in regelmäßigen Abständen zum Beinahe-Kollaps. Die Stadtverwaltung arbeitete daher intensiv am Konzept einer „verkehrsaufgeschlossenen Stadt“ (NWZ v. 19.11.1954), das sowohl dem raschen Bevölkerungswachstum als auch der zunehmenden Motorisierung gerecht werden wollte. Gegen Ende des Jahrzehnts begann die Umsetzung eines weitreichenden Verkehrskonzeptes: Die bereits bestehenden Teile einer Umgehungsstraße sollten zügig zu einer Stadtautobahn ausgebaut, dabei deren Lücken geschlossen werden. Ein zweiter, sogenannter innerer Ring sollte den Verkehr entlang der früheren Stadtwälle um die Innenstadt herumführen und diese dann als „Basarviertel“ für den Kraftfahrzeugverkehr gesperrt werden. Die Umsetzung aller damit zusammenhängenden Vorhaben machte Oldenburg für ein gutes Jahrzehnt zur Großbaustelle. In diesem Zusammenhang begannen auch die Planungen für eine durchgreifende Neugestaltung des Pferdemarktes, auf dem sich die Bahnstrecken nach Wilhelmshaven und Leer mit den wichtigen Straßenverbindungen Richtung Norden kreuzten und mitunter – bei geschlossenen Schranken – den gesamten Innenstadtverkehr nahezu zum Erliegen brachten. Bereits im Zuge des Neubaus des Hauptbahnhofes 1915 war eine Hochlegung der Bahntrassen erwogen, allerdings aus Kostengründen unterlassen worden. Eine solche Lösung schien aber angesichts des uferlos anwachsenden Individualverkehrs unausweichlich und wurde seit fünfziger Jahre in verkehrsplanerischer, insbesondere aber finanzieller Hinsicht diskutiert. Auf die Umsetzung musste die Bevölkerung freilich bis 1967 warten. Die notorische Überlastung des Verkehrsknotens verdrängte bereits vorher den Kramermarkt von seinem traditionellen Standort. 1963 fand der Markt erstmals auf dem Freigelände der Weser-Ems-Halle statt und führte den Verkaufsmarkt an Markt- und Schlossplatz sowie den „Rummel“ am Pferdemarkt künftig zusammen.

Vollkommen überfordert war auch das Schulwesen der Stadt. Die Zahl der Volkschülerinnen und -schüler stieg zwischen 1936 und 1947 um 120 %, ohne dass auch nur ein Schulraum zusätzlich geschaffen worden wäre. Im Januar 1948 fehlten etwa 440 Schulräume, ganz abgesehen vom akuten Bedarf an Einrichtung und Lehrmitteln. im Schnitt 42 Schüler besuchten im Januar 1949 eine Volksschulklasse, bei den Mittelschulen gar 44. Getreu dem in der Amtsperiode von Jan Eilers ausgegebenen Credo „Bauen, und nochmals Bauen!“ entstanden zwischen 1949 und 1959 zahlreiche Schulbauten, die sich vor allem in den Wohnungsbau-Schwerpunkten der Stadt konzentrierten. In der Sozial- und Gesundheitspflege rückte der Aus- und Neubau der städtischen Krankenanstalten in den Vordergrund. Dabei entwickelte sich Kreyenbrück durch den Umbau des ehemaligen Wehrmachts-Lazaretts zur Städtischen Klinik sowie den Neubau einer Kinderklinik auch im Gesundheitswesen zum zentralen Standort. Im wahrsten Wortsinne drückend waren die Engpässe der Abwasserbehandlung. Die zu Beginn der fünfziger Jahre existierende Kläranlage der Stadt war für eine Bevölkerung von 25.000 Einwohnern gebaut worden, das Leitungsnetz für 43.000 Menschen berechnet. Die runderneuerte und bedeutend vergrößerte Anlage an der Wehdestraße konnte 1955 ihrer Bestimmung übergeben werden.

Das Kultur- und Freizeitangebot war ebenfalls in keiner Weise auf die Bedürfnisse der gewachsenen Stadt ausgerichtet. So stand etwa den gut 120.000 Bewohnern Oldenburgs zu Beginn der fünfziger Jahre an der Huntestraße lediglich ein bereits sanierungsbedürftiges, kleines Hallenbad aus der zweiten Hälfte des 19. Jahrhunderts mit einem Schwimmbecken von nur 16 Metern Länge zur Verfügung. „Bei der dem Freibaden nicht günstigen Witterung unserer Heimat", so der Oberstadtdirektor im Juni 1955, seien „besondere Anstrengungen einem modernen Hallenschwimmbad" gewidmet. Die schließlich direkt neben dem Schloss realisierte, am 30. Juni 1960 eingeweihte „'Schwimm-Operette' am Berliner Platz" (NWZ) signalisierte am augenfälligsten den weitgehend durch die Nachkriegszuwanderung erzwungenen Wandel im Stadtbild, der auch durch den Bau des Marschweg-Stadions, den Ausbau des Huntefreibades, die Einrichtung eines Freibades am Flötenteich im Stadtnorden sowie der noch von den Briten angeregten Schaffung eines Kulturzentrums (‚Brücke der Nationen') versinnbildlicht wurde.

Der Profilierung als nordwestdeutschem Oberzentrum diente schließlich die Errichtung eines zentralen Veranstaltungszentrums, der Weser-Ems-Halle, in den Jahren 1953/54. Von hier aus – einem rührigen, aus Berlin stammenden Hallendirektors sei Dank – gingen Impulse aus, die dem Kulturleben der Stadt eine bis dahin ungekannte, frische Aura verliehen. Insbesondere für die wachsende Zahl der weit überwiegend jugendlichen Jazzfans waren es goldene Jahre, in denen sich Weltstars wie Louis Armstrong, Lionel Hampton, Ella Fitzgerald oder Miles Davis nachgerade die Klinke in die Hand gaben. Der wie ein Tsunami über die strenge Erwachsenenwelt hereinbrechende Rock 'n' Roll war demgegenüber unterrepräsentiert und erschöpfte sich in einem Jitterbug-Turnier, das von der NWZ, darin der Rezeption in vergleichbaren Städten nicht unähnlich, als „Musik einer hektischen Zeit" gebrandmarkt wurde, deren Protagonisten „man in einem Mehrfamilienhaus [nicht] über sich wohnen haben" möchte. Auf den notorischen Bill Haley und seine Comets warteten viele junge Oldenburger so sehnsüchtig wie vergebens. Überhaupt die Jugend: Sie gab – wie in jeder Epoche der Geschichte – so auch in den fünfziger Jahren ständig Anlass zur Sorge. Der Untergang des Abendlandes dräute vielen Erwachsenen nicht nur im Angesicht der gegelten Entenschwanzfrisuren halbstarker Motorradfahrer, sondern auch mit Blick auf die „gefährliche geistige Seuche der comic strips", wie ein Vortragstitel aus der ‚Brücke der Nationen' im Oktober 1955 bedrohlich schwadronierte. Die überwiegende Zahl der Jugendlichen jedoch gab sich vergleichsweise zahm, traf sich in den ersten Eisdielen, dem „Arnoldo" in der Achternstraße oder „Chiamulera" am Pferdemarkt, und bewegte zu den Klängen von Peter Kraus und Conny Froboess eher sanft die Hüften.

In vielen Bereich des öffentlichen Lebens hatte das Bevölkerungswachstum für Oldenburg die zwingende Modernisierung angeschoben. Die Kehrseite der Umgestaltung zur „modernen Großstadt" lag jedoch nicht zuletzt im zunehmenden Verlust älterer Bausubstanz im Innenstadtbereich, deren Opferung man dem außergewöhnlichen Wachstum der Wirtschaft schuldig zu sein glaubte. Das entsprach dem vielfach überhasteten Charakter des städtebaulichen Wandels in der jungen Bundesrepublik, in dem „Forderungen nach Anmut und Stille [...] unzeitgemäß [wirkten]" und überrollt wurden „von einer rasant expandierenden Wirtschaft, die auch im Bauen Eile gebot." (Werner Durth) Vereinzelte Widerstände, wie sie gegen die Planierung des Paradewalls oder den Standort des neuen Hallenbades registriert wurden, tat die Verwaltung als ‚Hang zur Rückständigkeit' einer Minderheit ab. So kommentierte die NWZ im April 1956 das rege Bauschaffen in der Stadt: „Sehen wir uns diese Veränderungen in aller Ruhe an! Denn in einiger Zeit werden wir stolz sagen können: Wir waren dabei, als Architekten und Planer den ersten „Schmiß" ins bauliche Werden Oldenburgs brachten. Als die Praxis an der Hunte Schule machte, die versteckte Altoldenburger Gemütlichkeit und Heimlichkeit durch klare, aufstrebende Architektur mit viel Sonne und Luft zu ersetzen!" Das entsprach im Kern der Grundmelodie des Nachkriegsstädtebaus in der Bundesrepublik.

Bei allem reformatorischen Eifer blieben doch einige angedachte Projekte zur Stadtentwicklung bereits in der Planung stecken. Die zählebige Diskussion um den Neubau des Rathauses – in den 1950er und frühen 1960er Jahren besonders eifrig geführt, blieb ein Dauerthema bis in die Gegenwart. Sehr schnell in Vergessenheit geriet dagegen die Idee einer „Ostuniversität" in Oldenburg, die aber dann doch eine Art Keimzelle der späteren Überlegungen zur Erweiterung der Pädagogischen Hochschule zur (Voll-)Universität bildete.

So blieb es im Oldenburg der fünfziger Jahre bei den massiven städtebaulichen und infrastrukturellen Veränderungen und Modernisierungen, die gemeinhin lediglich dem allgemeinen Wirtschaftswachstum dieser Zeit zugeschrieben werden, die aber wohl doch durch die enorme Zuwanderung einen entscheidenden Schub erhalten hatten. Allein die quantitative Dimension dieser Migrationswelle schrieb zwingend einen Ausbau der für die Maßstäbe einer Großstadt völlig unzureichenden kommunalen Einrichtungen vor. Und sie schuf andererseits bei den städtischen Organen und zumindest in Teilen der eingesessenen Bevölkerung die Grundlage für einen Mentalitätswandel, der dem ‚residenzlerischen' Image der Stadt abschwören wollte und sich einer großräumigeren Stadtplanung zuwandte, deren Folgen für das Stadtbild Oldenburgs bis in die Gegenwart umstritten sind.

Mit der Eröffnung des Hallenbades am Berliner Platz wird 1960 eines der bis dahin größten Infrastrukturprojekte der Nachkriegszeit in Oldenburg verwirklicht. Das Foto zeigt Oberbürgermeister Hans Fleischer bei seinem Grußwort zur Festveranstaltung. Die Stadt löst damit ein Versprechen ein, das sie für den Zuschlag zum Niedersächsischen Landesturnfest im gleichen Jahr gegeben hat – die Schaffung eines für Wettkampfzwecke geeigneten Schwimmbades; das grundsätzliche Erfordernis wird in der Öffentlichkeit nicht bestritten. Schließlich müssen sich die Oldenburger bis dahin mit einem 16-Meter-Becken im vergleichsweise winzigen, noch aus dem 19. Jahrhundert stammenden Hallenbad an der Huntestraße begnügen. Doch der Kahlschlag, der mit dem Bau des neuen Bades einhergeht, der Verlust klassizistischer Bauten am Schlossplatz und des historischen Mühlenviertels schlägt nachhaltige städtebauliche Wunden ins Herz der Stadt.

Ereignisse

Wie ein Fremdkörper wirkt das für Oldenburger Verhältnisse kolossale Ensemble der Weser-Ems-Hallen unmittelbar nach der Eröffnung im September 1954. Ohne den Bau dieses Veranstaltungszentrums, der mit hohem finanziellem Aufwand realisiert worden ist, wäre Oldenburg seinem Anspruch als Oberzentrum des deutschen Nordwestens in den folgenden Jahrzehnten nicht gerecht geworden.

Messe „Landwirtschaft und Technik" auf dem Freigelände der Weser-Ems-Halle, um 1956 (Abbildung oben) und Viehauktion in der zum Hallenkomplex gehörenden Ostpreußenhalle, ebenfalls um 1956 (Abbildung unten). Mit Angeboten dieser Art unterstreicht das neue Veranstaltungszentrum die Rolle Oldenburgs als Mittelpunkt einer agrarisch geprägten Region.

Einen begeisterten Empfang bereiten viele Oldenburger Bundespräsident Theodor Heuss bei seinem Besuch in der Stadt 1960. Als erster Bundespräsident der jungen Republik erlangt Heuss überparteilich großen Respekt. Seine besonnene, auf Ausgleich gerichtete Amtsführung macht ihn in der Bevölkerung als „Papa Heuss" rasch populär.

Der erste Bundeskanzler Konrad Adenauer trägt sich anlässlich seines zweiten Besuches in Oldenburg am 21. April 1955 ins Goldene Buch der Stadt ein; rechts im Bild Oberbürgermeister Willi Trinne. Neben Bundespräsident Heuss und Wirtschaftsminister Ludwig Erhard wird Adenauer in seiner von 1949 bis 1963 reichenden Amtszeit zur Symbolfigur des westdeutschen Wiederaufstiegs, dem die zeitgenössische Redewendung „Wir sind wieder wer" nachhaltigen Ausdruck verleiht.

Kirchliche Trauerfeier für den Bundestagspräsidenten Hermann Ehlers in der Lamberti-Kirche am 3. November 1954. Ehlers, in Berlin geboren, wird Oktober 1945 Oberkirchenrat der Evangelisch-Lutherischen Kirche Oldenburgs. Für die CDU seit 1949 im Bundestag wird er 1950 in das zweithöchste Amt der jungen Demokratie gewählt. Bei seiner Wiederwahl nach der Bundestagswahl 1953 erzielt er das bis heute beste Ergebnis eines Präsidenten und gilt zu dieser Zeit als Favorit auf die Nachfolge von Theodor Heuss. Er stirbt völlig überraschend an einer

nicht auskurierten Mandelentzündung am 29. Oktober 1954 im Alter von nur 50 Jahren in Oldenburg. An der Trauerfeier in Oldenburg nehmen die gesamte Staatsspitze sowie die führenden Vertreter der demokratischen Parteien teil. Im Bild spricht der Vizepräsident des Bundestages Carlo Schmid (SPD). In der ersten Reihe rechts unter anderen zu erkennen: Bundespräsident Theodor Heuss, Bundeskanzler Konrad Adenauer, FDP-Chef Franz Blücher, Innenminister Gerhard Schröder, Wirtschaftsminister Ludwig Erhard, Außenminister Heinrich von Brentano.

Vom schweren Orkan, der in der Nacht vom 16. auf den 17. Februar 1962 über die deutsche Nordseeküste fegt und vor allem in Hamburg verheerende Schäden anrichtet, ist Oldenburg ebenfalls betroffen. Auch wenn die Hauptdeiche der Hunte dem Druck standhalten, werden weite Teile der Stadt überschwemmt. Dazu zählen der Stau, das Bahnhofsviertel, die an die Haaren angrenzenden Wohngebiete sowie Uferbereiche des Küstenkanals und Teile Drielakes. Die Schäden gehen in die Millionen. Im Bild zu sehen die überflutete Rosenstraße.

Auf Anregung von Vertriebenenverbänden beschließt der Rat der Stadt im August 1951 die Aufnahme einer Patenschaft mit der schlesischen Stadt Leobschütz, aus der nach 1945 über 1.500 Menschen nach Oldenburg gekommen sind. Im Rahmen dieser Patenschaft wird am 22. September 1957 ein Gedenkstein in den Wallanlagen gegenüber dem Peter-Friedrich-Ludwig-Hospital enthüllt. Er trägt die Inschrift „Unvergessene deutsche Stadt im Osten – Leobschütz". Das der Stein ausgerechnet am Ort der bei den Novemberpogromen 1938 zerstörten jüdischen Synagoge errichtet wird, ist ein sichtbares Zeichen der Verdrängung nationalsozialistischer Verbrechen in dieser Zeit, wird jedoch erst von kommenden Generationen problematisiert.

Der Aufbau der Bundeswehr in Oldenburg beginnt in der „roten" Pferdemarkt-Kaserne im September 1956. Von April 1957 bis 1959 werden der Fliegerhorst und drei Kasernenanlagen bezogen, im August 1959 kommt der erste Bundeswehr-Neubau, die Henning-von-Tresckow-Kaserne in Bümmerstede, hinzu. Die 1952/53 vom britischen Militär als „Camp Gale" erbaute Clausewitz-Kaserne am Mühlenhofsweg wird im April 1958 vom Fernmeldebataillon 7 übernommen. Am 1. Mai 1959 begrüßen Oberbürgermeister Fleischer und Oberstadtdirektor Eilers die Bundeswehr in der Kaserne.

Abbildung Mitte: Der Kongresssaal der 1954 eröffneten Weser-Ems-Halle in Bankett-Bestuhlung.

Abbildung rechts oben: Für den in dieser Zeit populären Boxsport wird die neue Weser-Ems-Halle rasch zum beliebten Austragungsort von Meisterschaften und Schauwettkämpfen. So kann der beste deutscher Mittelgewichts-Boxer der Zeit, Gustav ‚Bubi' Scholz, nach fast zweijähriger Verletzungspause für einen Comeback-Kampf gegen den Spanier Francisco Frances gewonnen werden. Am 2. März 1957 siegt Scholz vor ausverkauftem Haus in Oldenburg in drei Runden.

Freizeit

Fußball ist schon seit den 1920er Jahren populärster Sport der in Deutschland. Der vollkommen unerwartete Triumph der Nationalmannschaft bei der WM 1954 in der Schweiz sorgt für eine zuvor nie gekannte Euphorie, die für die Festigung der Identität der jungen, noch nicht gefestigten Bundesrepublik kaum zu überschätzende Folgen hat. In Oldenburg ist es insbesondere der VfB, der mit beachtlichen Leistungen in dieser Zeit die Massen begeistert. Im legendären vereinseigenen Stadion im Stadtteil Donnerschwee reicht die Kapazität bisweilen nicht aus. Im Bild oben links eine Partie aus dem Jahre 1956. Das zwischen 1948 und 1951 auf einer ehemaligen Mülldeponie errichtete städtische Marschweg-Stadion dient wegen seines höheren Fassungsvermögens daher gelegentlich als Ausweichstätte. Das Foto unten zeigt die Partie zwischen dem VfB und dem Hamburger SV am 9. Oktober 1960 (Endstand 1:1), das von 32.000 Zuschauern verfolgt wird.

Einer der absoluten Konzerthöhepunkte in der Geschichte der Weser-Ems-Halle ist sicher der Auftritt von Louis Armstrong am 8. Februar 1958. Aufgrund der großen Nachfrage spielt der von der NWZ als „dunkelhäutiger Jazz-König" avisierte Armstrong gleich zwei Konzerte nacheinander und sorgt beim offensichtlich in Ehrfurcht erstarrten Oldenburger Publikum „bei aller Begeisterung" doch lediglich für „wohltemperierte Stimmung", wie der Rezensent der Lokalzeitung tags darauf rügt.

Der Kramermarkt, längst zur „fünften Jahreszeit" der Oldenburger geworden, findet mit seinem Vergnügungsteil seit 1877 auf dem Pferdemarkt statt, während der immer weiter an Bedeutung verlierende Markt der Händler auf dem traditionellen Standort vor dem Rathaus verbleibt. Wegen der grundlegenden Umgestaltung des Pferdemarktes zugunsten des Straßenverkehrs wird der Standort des Marktes schließlich 1962 auf das Freigelände an der Weser-Ems-Halle verlegt. Traditionell im Herzen der Stadt verbleibt der Kramermarktsumzug, der in seinen Motivwagen gelegentlich, wie hier im Jahre 1963, auch aktuelle Fragen der städtischen Politik aufgreift.

Abbildungen rechte Seite: Das Theater, im Bild das Eingangsportal 1957 mit der später abgerissenen Freitreppe, bleibt in den 1950er Jahren der zentrale Anker des Kulturlebens der Stadt. Der regelrechte ‚Hunger' nach kulturellen Veranstaltungen sorgt für eine stetig steigende Auslastung des Hauses. Das Programm setzt – darin kaum anders als in anderen vergleichbaren Spielstätten der Zeit – einen Schwerpunkt auf die besonders gefragte Unterhaltung. Das abgebildete Bühnenbild zeigt die Aufführung der Operette „Hochzeitsnacht im Paradies", entworfen von Wolf Gerlach, dem späteren Erfinder der Mainzelmännchen des Zweiten Deutschen Fernsehens.

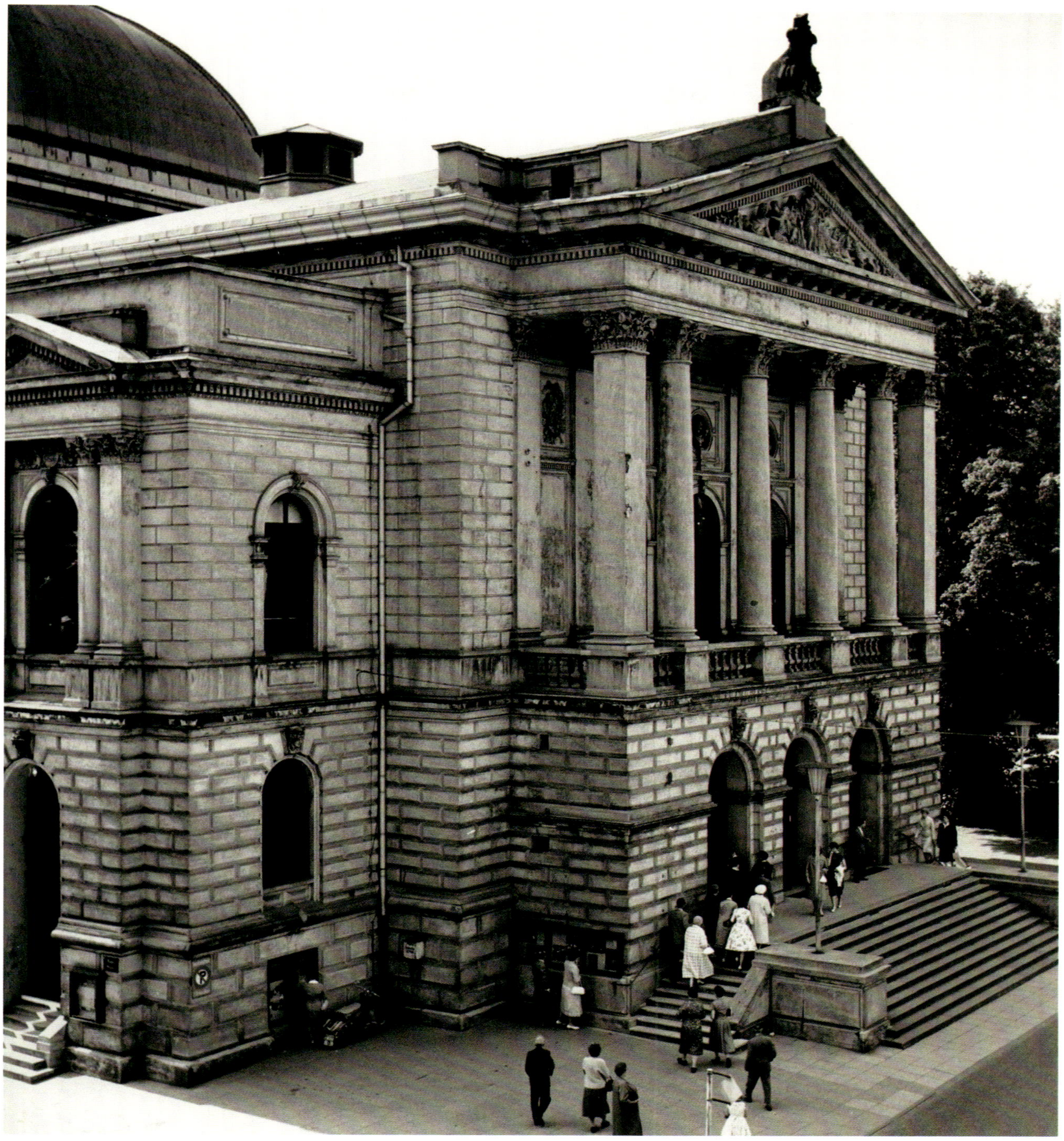

KAKADU
ASTORIA
FEMINA
ESPLANADE
TIVOLI
BAR

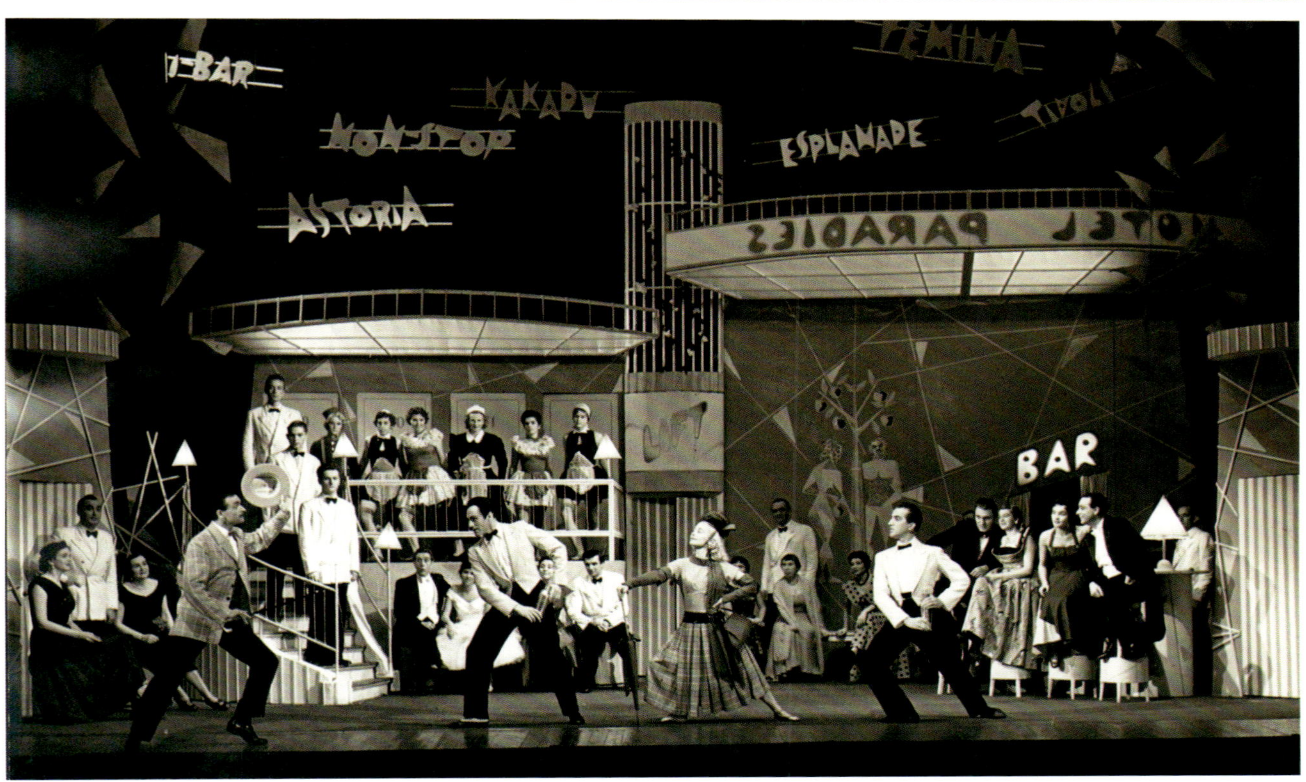

Nach der weitgehenden Überwindung der Nachkriegsnot, nimmt seit Mitte der 1950er Jahre die Lust auf gesellschaftliche Vergnügungen wieder zu. Das Tanzen, gleich ob in klassischer oder moderner Variante, erlebt vor diesem Hintergrund eine Blütephase. Im Bild eine Schauvorführung der bekanntesten Oldenburger Tanzschule Beuss im Logenhaus am Theaterwall, um 1960.

Abbildung rechte Seite Mitte: Die Kinder- und Jugendbücherei im Kulturzentrum „Brücke der Nationen“ an der Gartenstraße 5, um 1960. Die „Brücke“ geht aus dem von den Besatzungsbehörden gegründeten British Information Centre, gleichzeitig Sitz des britischen Stadtkommandanten hervor und wird am 1. April 1956 seiner neuen Bestimmung, vor allem als Standort der Stadtbibliothek, aber auch für kulturelle Veranstaltungen übergeben.

Der Zirkus in der Stadt: In den ersten beiden Nachkriegsjahrzehnten elektrisiert eine solche Schlagzeile die Öffentlichkeit. 1962 werden Elefanten des Circus Althoff, eines der größten Unternehmen seiner Art, vom Bahnhof über die 91er Straße zum Pferdemarkt geführt.

Blick auf das Huntefreibad zwischen Umgehungsstraße und Schlossgarten, um 1955.

Mit 817 Millionen Besuchern erreicht die Zuschauerzahl in deutschen Kinos 1956 ihren Zenit. Allein in Oldenburg existieren Ende der 1950er Jahre über ein Dutzend Lichtspielhäuser. Das größte ist das seit 1935 bestehende ‚Capitol' in der Heiligengeiststraße 7 mit 820 Plätzen. An zweiter Stelle folgt das Wall-Licht mit etwa 750 Plätzen. Das vielfach beschworene „Kinowunder" betrifft jedoch kaum die Qualität des angebotenen Filmprogramms. Das Publikum sucht eher die Zerstreuung in massenhaft produzierten Heimatfilmen, überdrehten Komödien oder mehr oder minder aufwändigen Revue- und Schlagerfilmen wie dem 1950 entstandenen „Die Dritte von rechts" mit Grete Weiser, Vera Molnar, Peter von Eyck und Rudolf Platte, den das vom Maler Curt Zeh geschaffene Plakat am Capitol 1950 ankündigt.

Gesellschaft

Zu den wichtigsten Investitionsvorhaben der rasant wachsenden Stadt gehört der Ausbau der Krankenhausversorgung. Im Bild das neue Städtische Klinikum in Kreyenbrück, um 1953. Es wird 1952 im Zentralgebäude des ehemaligen Garnisonslazaretts der Wehrmacht eingerichtet.

Die Verwaltung muss sich noch bis weit die in fünfziger Jahre hinein mit provisorischen Unterbringungen zufrieden geben. Im Bild das zwischen 1930 und 1956 in der ehemaligen Stallremise des Marstalls am Schlossplatz untergebrachte Oldenburger Arbeitsamt. Auch der Flur der Einrichtung, aufgenommen 1951, vermittelt keinen einladenden Eindruck. Erst ein 1955 errichteter Neubau schafft Abhilfe. Das Bild zeigt die Bauarbeiten von der damaligen Perspektive Rosenstraße/Ecke Oststraße aus gesehen.

Ein sichtbares Zeichen für das Ende der unmittelbaren Nachkriegsnot ist die Aufhebung der Rationierung von Lebensmitteln 1950. Hier freuen sich die Mitarbeiter des Ernährungsamtes der Stadt über die Aufhebung der hoch-bürokratischen Markenwirtschaft.

Die Oldenburger Kommunalpolitik wird in den ersten eineinhalb Jahrzehnten nach dem Kriegsende von vielen konkurrierenden politischen Kräften abwechselnd bestimmt. SPD und CDU teilen sich die führende Stellung mit der FDP, die in der Stadt, wie in Nordwestdeutschland insgesamt, von einem betont nationalliberalen Kurs geprägt wird. Eine Sonderrolle spielt der Bund der Heimatvertriebenen und Entrechteten (BHE), der bis Ende der 1950er Jahre auf viele Stimmen der Flüchtlinge und Vertriebenen zählen kann. Mit dem Ostpreußen Hans Fleischer, der allerdings Mitglied der SPD ist, stellen die Neu-Oldenburger zwischen 1956 und 1961 erstmals den Oberbürgermeister. Im Bild zu sehen: Stadtratssitzung 1959 in der Weser-Ems-Halle, der Schulausschuss des Stadtrates mit Oberstadtdirektor Jan Eilers (vordere Bank) bei einer Schulbegehung 1951 sowie die erste Ratsfrau Margarete Gramberg (FDP) in Aktion – „nah am Wähler“ – 1953.

Politik

1956 richtet die Stadt Oldenburg erstmals das „Defftig Ollnborger Gröönkohl-Äten" in der Niedersächsischen Landesvertretung in Bonn aus. Hier sollen Kontakte auf Regierungsebene gepflegt und informelle Gespräche zur Sensibilisierung für Oldenburger Interessen geführt werden. Neben vielen weiteren Prominenten gab sich auch Bundespräsident Theodor Heuss, hier beim Kohlessen 1958, ein Stelldichein. Zum Kohlkönig brachte er es hingegen nicht.

Ein ebenso markanter wie umstrittener Leuchtturm unter den Investitionsvorhaben der Stadt: Das im Oktober 1960 eröffnete Hallenbad am Berliner Platz, das einen städtebaulichen Akzent setzt, für den freilich bedeutende historische Bausubstanz unwiderruflich aufgegeben wird.

Wein
OL-AV 220

Ein Zug aus Richtung Leer fährt 1963 in den Oldenburger Hauptbahnhof ein. Noch rollen Schienen- und Straßenverkehr am Pferdemarkt niveaugleich, die Schranken bleiben auf den Tag gerechnet etwa 9 Stunden geschlossen. Doch schon bald nach dem Aufnahmedatum dieses Bildes beginnen die Arbeiten an der Hochlegung der Eisenbahnstrecken von Wilhelmshaven und Leer und werden die Situation an dieser Stelle fundamental verändern.

Der vollkommen überlastete Verkehrsknoten Heiligengeistraße/Wall 1963. Zu dieser Zeit haben die Planungen zur Sperrung des Innenstadtkerns für den motorisierten Verkehr bei gleichzeitigem Ausbau des umgebenden Straßennetzes längst begonnen.

KOSMETIK
Guder
711

Reihenhäuser in der 1954 errichteten ‚Mustersiedlung' Ohmsteder Esch, um 1960. Zu diesem Zeitpunkt ist die allergrößte Wohnungsnot der Stadt überwunden. Die Erkenntnis, dass eine menschenwürdige Existenz vor allem solide eigene vier Wände voraussetzt, hat die Stadt zwischen 1945 und 1963 zu einer bis dahin nicht gekannten finanziellen und planerischen Kraftanstrengung gezwungen.

Bildnachweis *(soweit möglich)*:

Wolfgang Hartung (S. 6/7, S. 8/9, S. 21, S. 22, S. 33, S. 52)

Ludwig Schmidt (S. 10/11, S. 29, S. 34/35, S. 72 m., S. 80)

Friedrich Schohusen (S. 12/13)

Carl Wöltje (S. 14/15, S. 19, S. 20, S. 26 l. oben, S. 26 l. oben, S. 31 r. oben, S. 37 r. oben, S. 48, S. 49 r. oben, S. 49 r. unten, S. 50 l. unten, S. 55, S. 57 r. oben, S. 57 r. m., S. 60/61, S. 63 r. unten, S. 64/65 unten, S. 67 r. unten, S. 73 oben l., S. 74/75)

Dieterich Wolff (S. 16 l. oben)

Günter Nordhausen (S. 24, S. 28, S. 30 l. oben, S. 32 l. oben, S. 36, S. 39 r. oben, S. 42 l. unten, S. 47 r. unten, S. 57 r. unten, S. 58 l. oben, S. 58 l. unten, S. 58/59, S. 63 r. oben, S. 66 l. unten, S. 67 r. oben, S. 69 m., S. 72 unten, S. 73 unten, S. 74 l. oben, S. 74 m.)

Kurt Wehlau (S. 25 r. oben, S. 31 r. unten)

W. Ehlert (S. 38 r. unten)

Archiv Fleiwa (S. 43)

Wolf Mädje (S. 47 m., S. 49 m., S. 66 l. oben)

Westdt. Luftfoto Palle Thomsen (S. 56)

Heinz Coldewey (S. 76/77, S. 78/79)

Hermann Sokolowsky (S. 32 m.)

Hafenamt Oldenburg (S. 44/45)

Bauamt Oldenburg (S. 62 oben, S. 72 l. oben)

Atelier Kaempf (S. 65 r. oben)

Hella Drewes (S. 68 l. oben)

Curt Zeh (S. 69 r. unten)